Impressum
Verlag: BABADADA GmbH, Nedderfeld 112 , 22529 Hamburg
Geschäftsführer / Verlagsleitung: Harald Hof
Druck: Books on Demand GmbH, In de Tarpen 42, 22848 Norderstedt

Imprint
Publisher: BABADADA GmbH, Nedderfeld 112 , 22529 Hamburg, Germany
Managing Director / Publishing direction: Harald Hof
Print: Books on Demand GmbH, In de Tarpen 42, 22848 Norderstedt, Germany

школа

Szkoła

классная комната
Sala lekcyjna

делить
dzielić

186/2

доска
Tablica

школьный двор
Dziedziniec szkolny

учитель
Nauczyciel

бумага
Papier

писать
pisać

ручка
Pisak

письменный стол
Biurko

линейка
Liniał

книга
Książka

ученик
Uczeń

ранец

Plecak szkolny

пенал

Piórnik

карандаш

Ołówek

точилка

Temperówka

ластик

Gumka do mazania

альбом для рисования

Blok rysunkowy

рисунок

Rysunek

кисточка

Pędzel

коробка красок

Pudełko z akwarelami

ножницы

Nożyce

клей

Klej

тетрадь

Książka do ćwiczenia

домашняя работа

Zadanie domowe

12

цифра

Liczba

2+2

прибавлять

dodawać

5-2

вычитать

odejmować

2×2

умножать

mnożyć

считать

liczyć

A

буква

Litera

ABCDEFG
HIJKLMN
OPQRSTU
VWXYZ

алфавит

Alfabet

слово

Słowo

текст

Tekst

читать

czytać

мел

Kreda

урок

Godzina

классный журнал

Dziennik lekcyjny

экзамен

Egzamin

диплом

Świadectwo

школьная форма

Mundurek szkolny

образование

Wykształcenie

энциклопедия

Leksykon

университет

Uniwersytet

микроскоп

Mikroskop

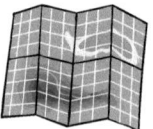

карта

Mapa

корзина для бумаг

Kosz na odpadki

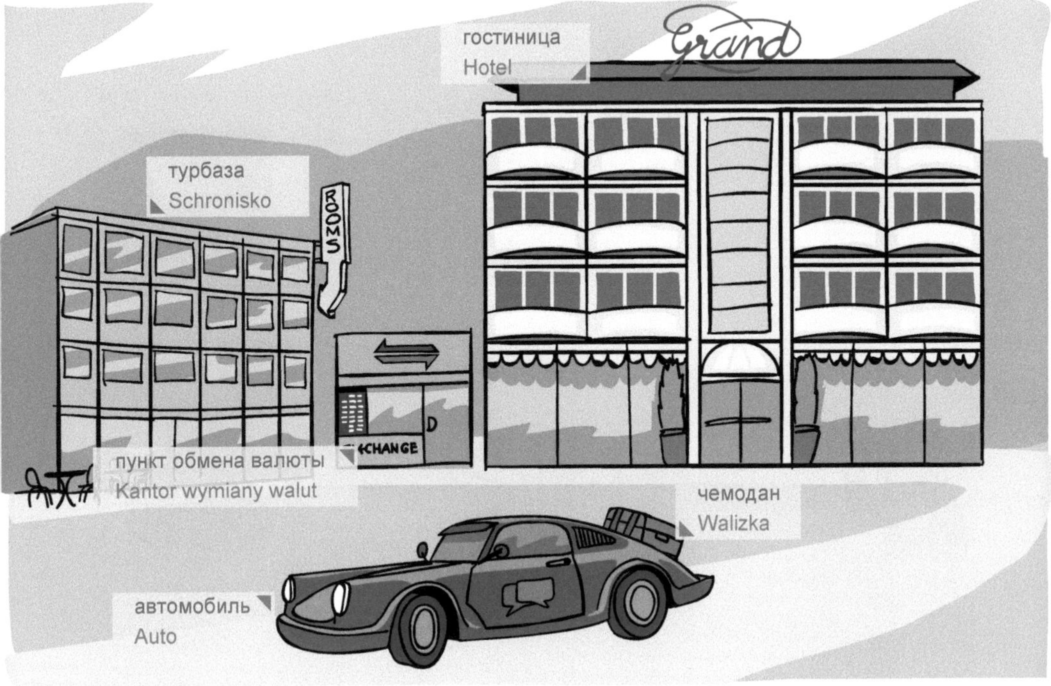

гостиница
Hotel
Grand
турбаза
Schronisko
ROOMS
EXCHANGE
пункт обмена валюты
Kantor wymiany walut
чемодан
Walizka
автомобиль
Auto

язык

Język

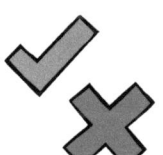

да / нет

tak / nie

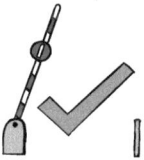

хорошо

OK

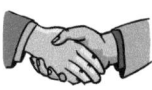

Привет

Halo

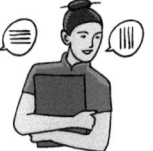

переводчик

Tłumacz

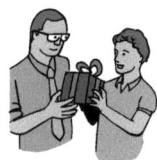

Спасибо

Dziękuję

Сколько стоит...?

Ile kosztuje ...?

Я не понимаю

Nie rozumiem

проблема

Problem

Добрый вечер!

Dobry wieczór!

Доброе утро!

Dzień dobry!

Доброй ночи!

Dobranoc!

До свидания

Do widzenia

направление

Kierunek

багаж

Bagaż

сумка

Torba

рюкзак

Plecak

гость

Gość

комната

Pokój

спальный мешок

Śpiwór

палатка

Namiot

туристическая
информация

Informacja turystyczna

пляж

Plaża

кредитная карточка

Karta kredytowa

завтрак

Śniadanie

обед

Obiad

ужин

Kolacja

билет

Bilet

лифт

Winda

почтовая марка

Znaczek na list

граница

Granica

таможня

Cło

посольство

Ambasada

виза

Wiza

паспорт

Paszport

транспорт
Transport

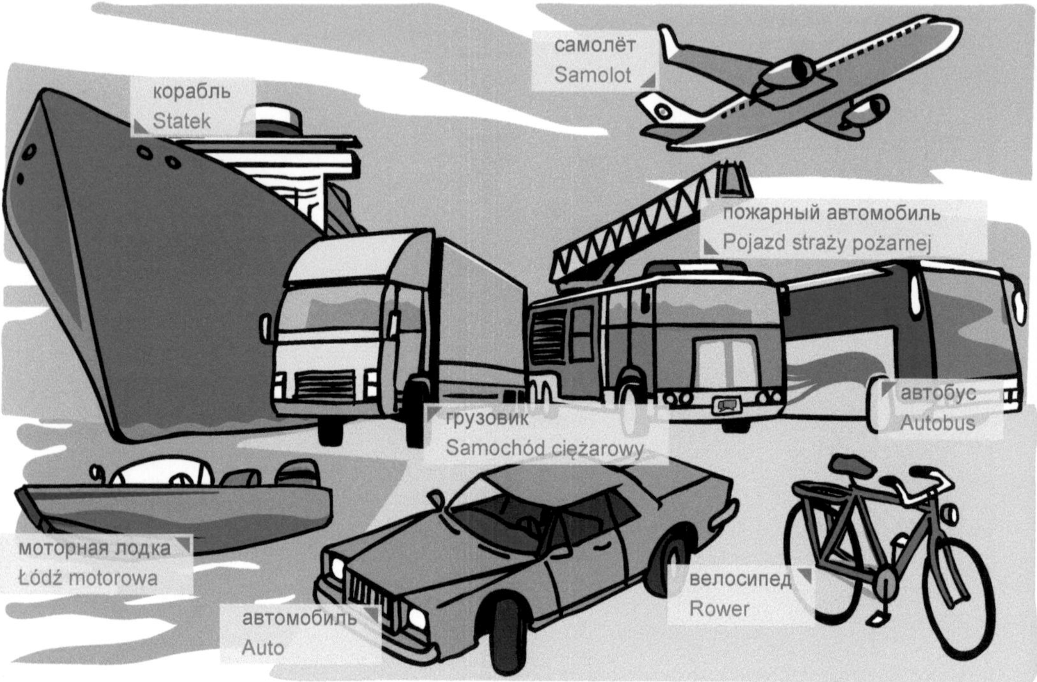
самолёт
Samolot
корабль
Statek
пожарный автомобиль
Pojazd straży pożarnej
автобус
Autobus
грузовик
Samochód ciężarowy
моторная лодка
Łódź motorowa
велосипед
Rower
автомобиль
Auto

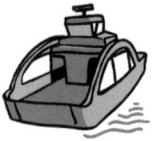

паром

Prom

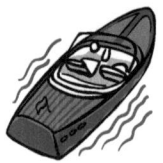

лодка

Łódź

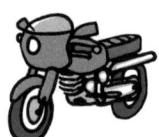

мотоцикл

Motocykl

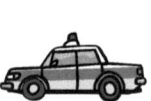

полицейский автомобиль

Radiowóz policyjny

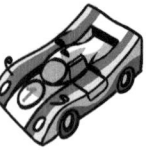

гоночный автомобиль

Samochód wyścigowy

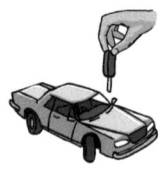

арендованный автомобиль

Samochód wypożyczony

совместное пользование
автомобилями

Wspólne przejazdy
samochodem

буксировочный
автомобиль
Samochód pomocy
drogowej

мусоровоз

Śmieciarka

двигатель

Silnik

топливо

Benzyna

заправка

Stacja benzynowa

дорожный знак

Znak drogowy

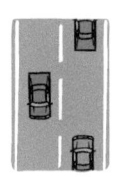

движение

Ruch

пробка

Korek

автостоянка

Parking

вокзал

Dworzec

рельсы

Szyny

поезд

Pociąg

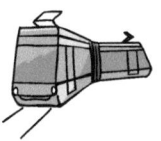

трамвай

Tramwaj

вагон

Wagon

вертолёт

Helikopter

аэропорт

Lotnisko

вышка

Wieża

пассажир

Pasażer

контейнер

Kontener

коробка

Karton

тележка

Taczka

корзина

Kosz

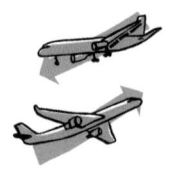

взлетать / приземляться

startować / lądować

город

Miasto

деревня

Wieś

центр города

Centrum miasta

дом

Dom

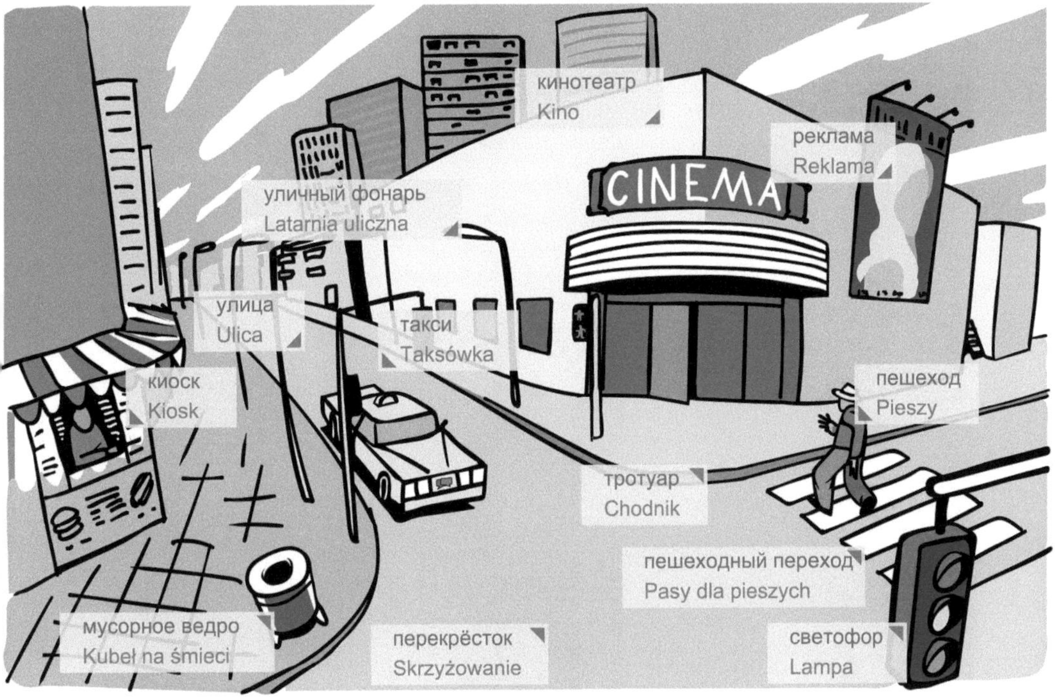
кинотеатр
Kino
реклама
Reklama
CINEMA
уличный фонарь
Latarnia uliczna
улица
Ulica
такси
Taksówka
киоск
Kiosk
пешеход
Pieszy
тротуар
Chodnik
пешеходный переход
Pasy dla pieszych
мусорное ведро
Kubeł na śmieci
перекрёсток
Skrzyżowanie
светофор
Lampa

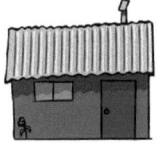

хижина

Chata

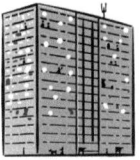

квартира

Mieszkanie

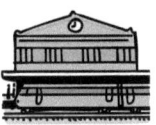

вокзал

Dworzec

ратуша

Ratusz

MUSEUM

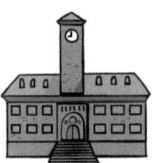

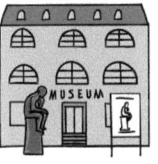

музей

Muzeum

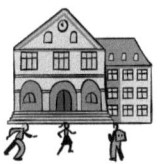

школа

Szkoła

университет

Uniwersytet

банк

Bank

больница

Szpital

гостиница

Hotel

аптека

Apteka

офис

Biuro

книжный магазин

Księgarnia

магазин

Sklep

цветочный магазин

Kwiaciarnia

супермаркет

Supermarket

рынок

Rynek

универмаг

Dom towarowy

торговец рыбой

Sklep z rybami

торговый центр

Centrum handlowe

порт

Port

парк

Park

скамейка

Ławka

мост

Most

лестница

Schody

метро

Metro

тоннель

Tunel

автобусная остановка

Przystanek autobusowy

бар

Bar

ресторан

Restauracja

почтовый ящик

Skrzynka na listy

табличка с названием
улицы

Tabliczka z nazwą ulicy

паркометр

Parkometr

зоопарк

Zoo

бассейн

Łaźnia

мечеть

Meczet

ферма

Gospodarstwo chłopskie

загрязнение окружающей среды

Zanieczyszczenie środowiska

кладбище

Cmentarz

церковь

Kościół

детская площадка

Plac zabaw

храм

Świątynia

ландшафт

Krajobraz

лист
Liść

дорожный указатель
Drogowskaz

дорога
Droga

луг
Łąka

камень
Kamień

дерево
Drzewo

путешественник
Wędrowiec

река
Rzeka

трава
Trawa

цветок
Kwiat

долина

Dolina

гора

Góra

озеро

Jezioro

лес

Las

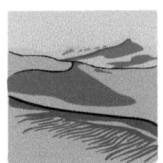

пустыня

Pustynia

вулкан

Wulkan

замок

Zamek

радуга

Tęcza

гриб

Grzyb

пальма

Palma

комар

Komar

муха

Mucha

муравей

Mrówka

пчела

Pszczoła

паук

Pająk

жук

Chrząszcz

лягушка

Żaba

белка

Wiewiórka

еж

Jeż

заяц

Zając

сова

Sowa

птица

Ptak

лебедь

Łabędź

кабан

Dzik

олень

Jeleń

лось

Łoś

плотина

Tama

ветряной генератор

Wiatrak

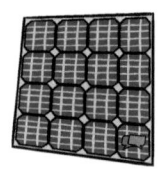

солнечная батарея

Moduł solarny

климат

Klimat

ресторан
Restauracja

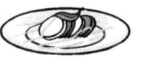

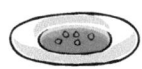

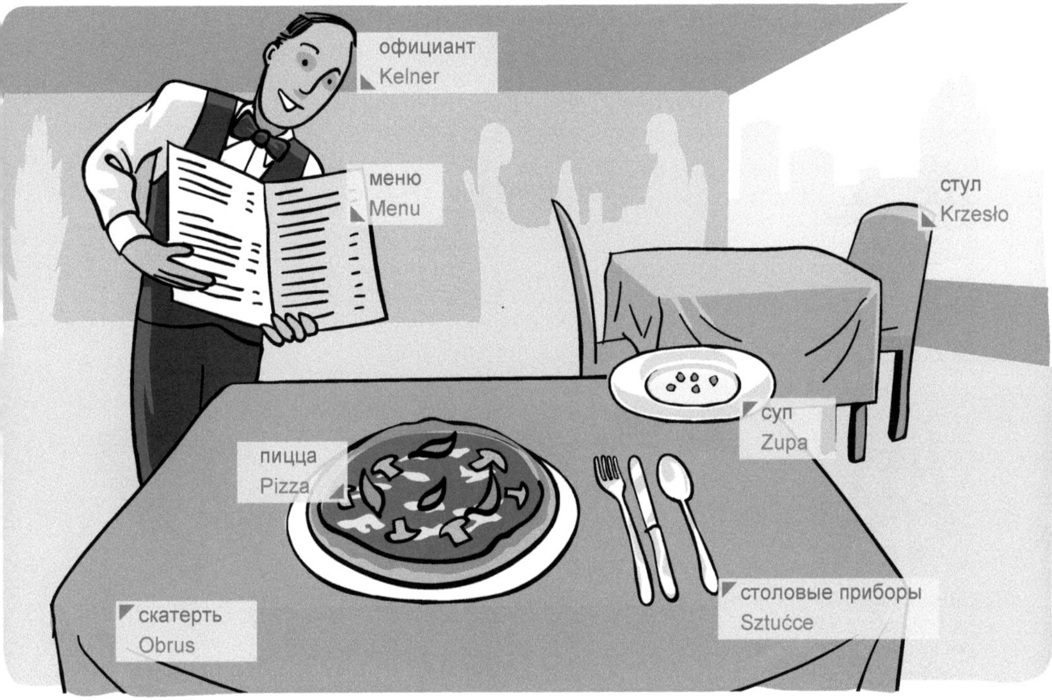
официант
Kelner
меню
Menu
стул
Krzesło
суп
Zupa
пицца
Pizza
столовые приборы
Sztućce
скатерть
Obrus

закуска

Przystawka

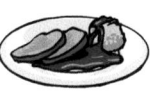

главное блюдо

Danie główne

десерт

Deser

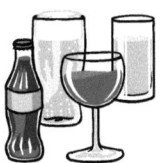

напитки

Napoje

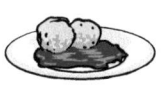

еда

Jedzenie

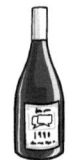

бутылка

Butelka

фастфуд

Fastfood

уличная еда

Streetfood

чайник

Dzbanek na herbatę

сахарница

Cukierniczka

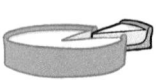

порция

Porcja

кофеварка

Zaparzarka do espresso

детский стульчик

Krzesło dla dziecka

счет

Rachunek

поднос

Taca

нож

Noż

вилка

Widelec

ложка

Łyżka

чайная ложка

Łyżeczka

салфетка

Serwetka

стакан

Szklanka

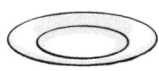

тарелка

Talerz

суповая тарелка

Talerz do zupy

блюдце

Podstawek pod filiżankę

соус

Sos

солонка

Solniczka

мельница для перца

Młynek do pieprzu

уксус

Ocet

масло

Olej

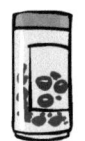

специи

Przyprawy

кетчуп

Keczup

горчица

Musztarda

майонез

Majonez

супермаркет
Supermarket

специальное предложение
Oferta
FOR
покупатель
Klient
молочные продукты
Produkty mleczne
фрукты
Owoce
тележка для покупок
Wózek sklepowy

BUTCHERS

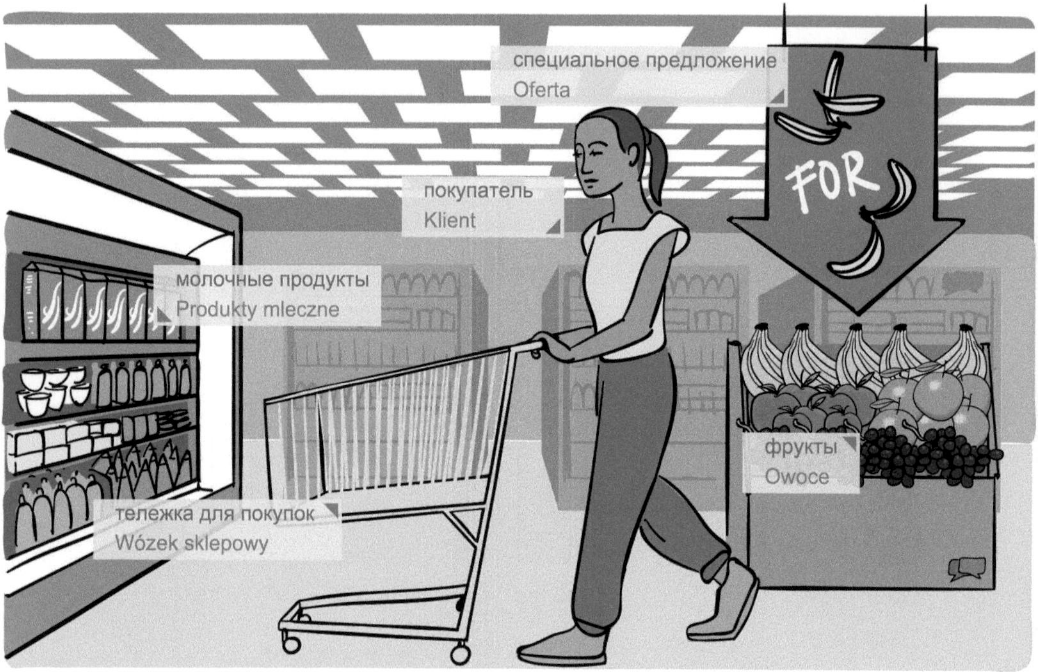

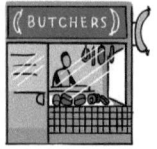

мясной магазин

Rzeźnia

BAKERY

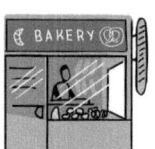

пекарня

Piekarnia

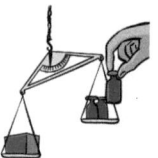

взвешивать

ważyć

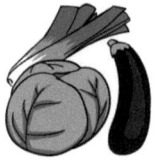

овощи

Warzywa

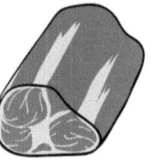

мясо

Mięso

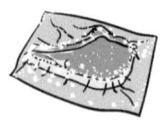

быстрозамороженные продукты

Mrożonki

нарезка

Wędliny

консервы

Konserwy

стиральный порошок

Proszek m do prania

сладости

Słodycze

предмет домашнего обихода

Artykuły użytku domowego

моющее средство

Środek czyszczący

продавщица

Sprzedawczyni

касса

Kasa

кассир

Kasjer

список покупок

Lista zakupów

время работы

Godziny otwarcia

бумажник

Portfel

кредитная карточка

Karta kredytowa

сумка

Torba

полиэтиленовый пакет

Torebka plastikowa

вода

Woda

сок

Sok

молоко

Mleko

кока-кола

Cola

вино

Wino

пиво

Piwo

алкоголь

Alkohol

какао

Kakao

чай

Herbata

кофе

Kawa

эспрессо

Espresso

капучино

Cappuccino

банан

Banan

яблоко

Jabłko

апельсин

Pomarańcza

арбуз

Arbuz

лимон

Cytryna

морковь

Marchew

чеснок

Czosnek

бамбук

Bambus

лук

Cebula

гриб

Grzyb

орехи

Orzechy

лапша

Makaron

спагетти

Spaghetti

рис

Ryż

салат

Sałatka

картофель фри

Frytki

жареный картофель

Ziemniaki pieczone

пицца

Pizza

гамбургер

Hamburger

сэндвич

Kanapka

шницель

Sznycel

ветчина

Szynka

салями

Salami

колбаса

Kiełbasa

курица

Kura

жаркое

Pieczeń

рыба

Ryba

овсяные хлопья

Płatki owsiane

мюсли

Musli

кукурузные хлопья

Płatki kukurydziane

мука

Mąka

круассан

Croissant

булочка

Bułka

хлеб

Chleb

тост

Toast

печенье

Ciastka

масло

Masło

творог

Twarożek

пирог

Ciasto

яйцо

Jajko

яичница

Jajko sadzone

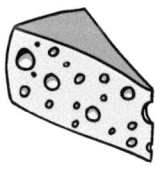

сыр

Ser

мороженое

Lody

сахар

Cukier

мёд

Miód

мармелад

Marmolada

крем с нугой

Krem nugatowy

карри

Curry

ферма
Gospodarstwo chłopskie

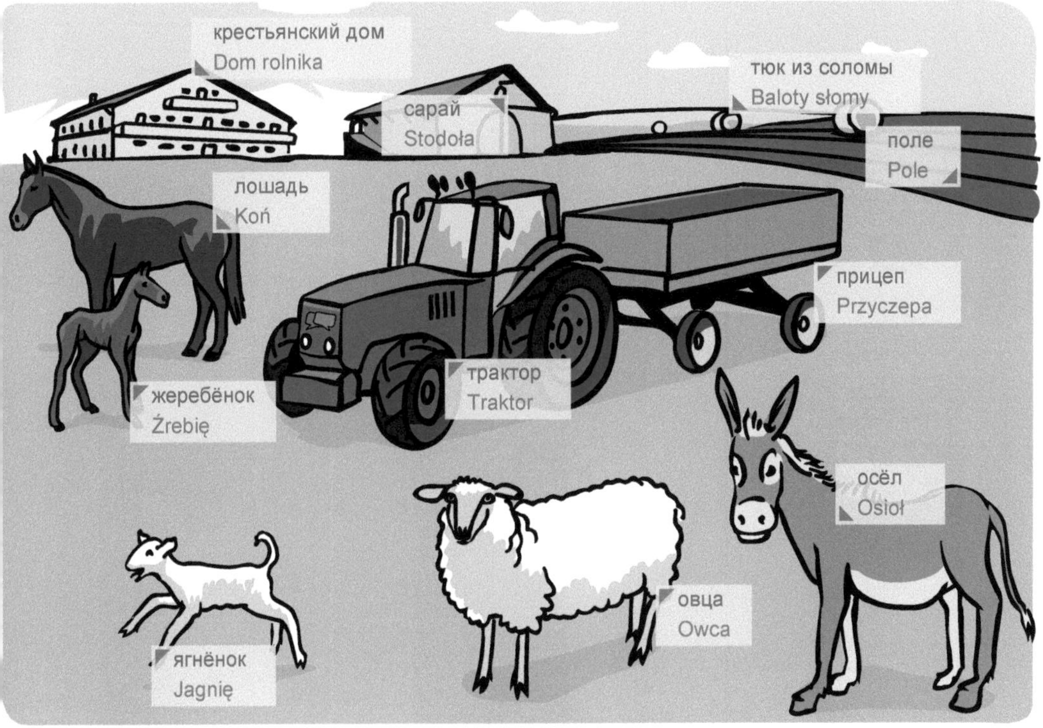
крестьянский дом
Dom rolnika
тюк из соломы
Baloty słomy
сарай
Stodoła
поле
Pole
лошадь
Koń
прицеп
Przyczepa
трактор
Traktor
жеребёнок
Źrebię
осёл
Osioł
овца
Owca
ягнёнок
Jagnię

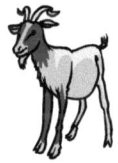

коза
Koza

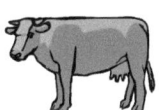

корова
Krowa

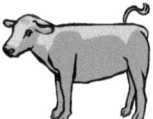

телёнок
Cielę

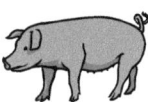

свинья
Świnia

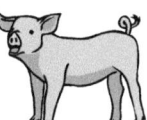

поросёнок
Prosię

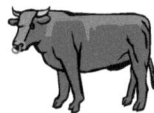

бык
Byk

гусь

Gęś

утка

Kaczka

цыплёнок

Kurczątko

курица

Kura

петух

Kogut

крыса

Szczur

кошка

Kot

мышь

Mysz

вол

Osioł

собака

Pies

конура

Buda dla psa

садовый шланг

Wąż ogrodowy

лейка

Konewka

коса

Kosa

плуг

Pług

серп

Sierp

мотыга

Graca

навозные вилы

Widły

топор

Siekiera

тачка

Taczka

корыто

Koryto

бидон для молока

Kanka na mleko

мешок

Worek

забор

Płot

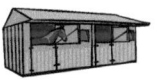

хлев

Stajnia

теплица

Szklarnia

почва

Ziemia

посев

Nasiona

удобрение

Nawóz

комбайн

Kombajn zbożowy

собирать урожай

zbierać

урожай

Żniwa

ямс

Podchrzyn

пшеница

Pszenica

соя

Soja

картофель

Ziemniak

кукуруза

Kukurydza

рапс

Rzepak

фруктовое дерево

Drzewo owocowe

маниок

Maniok

злаки

Zboże

дымоход
Komin

крыша
Dach

водосточный желоб
Rynna deszczowa

окно
Okno

гараж
Garaż

звонок
Dzwonek

дверь
Drzwi

мусорное ведро
Wiaderko na śmieci

почтовый ящик
Skrzynka na listy

сад
Ogród

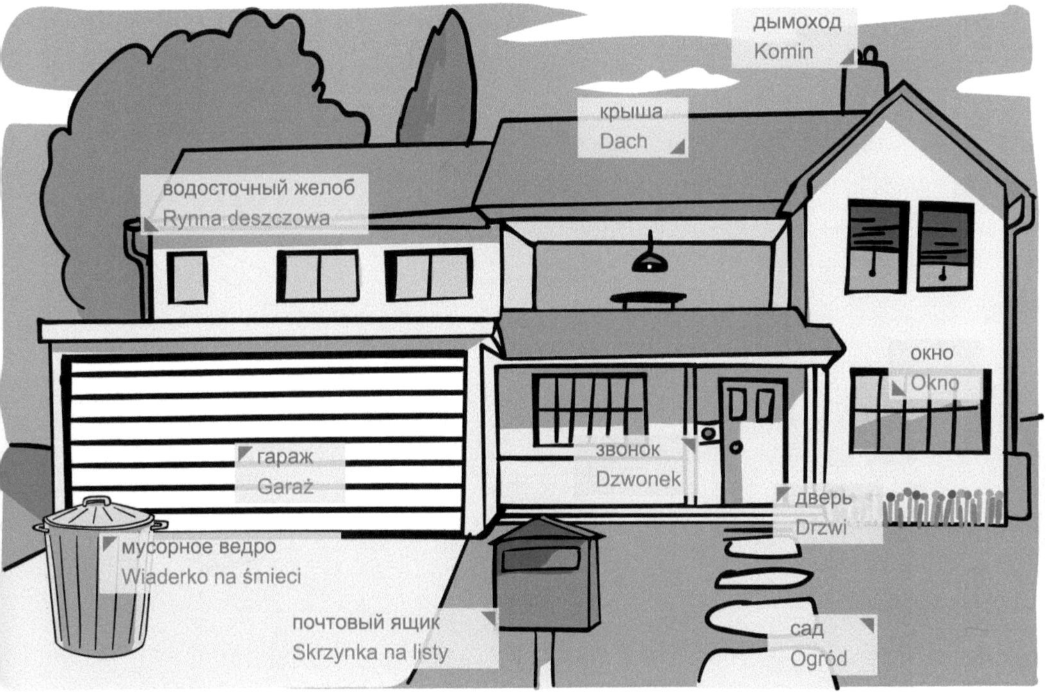

гостиная

Pokój dzienny

ванная комната

Łazienka

кухня

Kuchnia

спальня

Sypialnia

детская комната

Pokój dziecięcy

столовая

Jadalnia

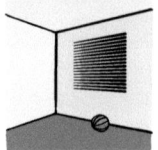

пол

Ziemia

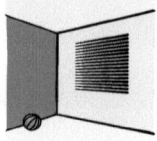

стена

Ściana

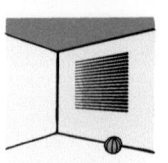

потолок

Koc

подвал

Piwnica

сауна

Sauna

балкон

Balkon

терраса

Taras

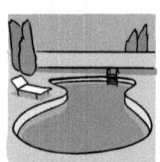

бассейн

Basen

газонокосилка

Kosiarka do trawy

пододеяльник

Poszwa

покрывало

Kołdra

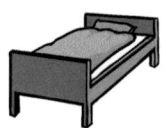

кровать

Łóżko

метла

Miotła

ведро

Wiadro

выключатель

Włącznik

гостиная
Pokój dzienny

обои
Tapeta
рисунок
Obraz
лампа
Lampa
полка
Regał
шкаф
Szafa
телевизор
Telewizor
камин
Komin
цветок
Kwiat
подушка
Poduszka
диван
Kanapa
ваза
Wazon
пульт дистанционного управления
Pilot

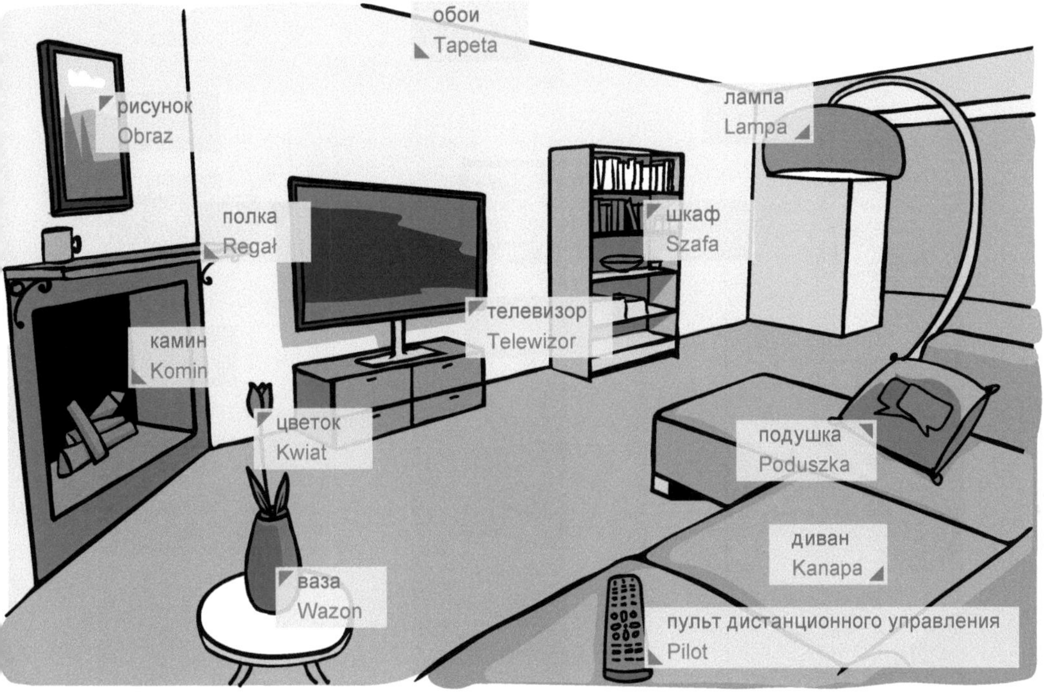

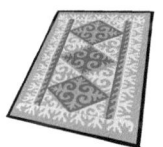

ковёр

Dywan

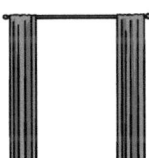

штора

Zasłona

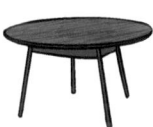

стол

Stół

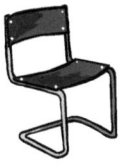

стул

Krzesło

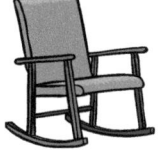

кресло-качалка

Bujak

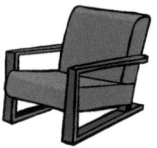

кресло

Fotel

книга

Książka

покрывало

Sufit

украшение

Dekoracja

дрова

Drewno kominkowe

фильм

Film

стереосистема

Instalacja stereo

ключ

Klucz

газета

Gazeta

картина

Malunek

плакат

Plakat

радио

Radio

блокнот

Notatnik

пылесос

Odkurzacz

кактус

Kaktus

свеча

Świeczka

кухня
Kuchnia

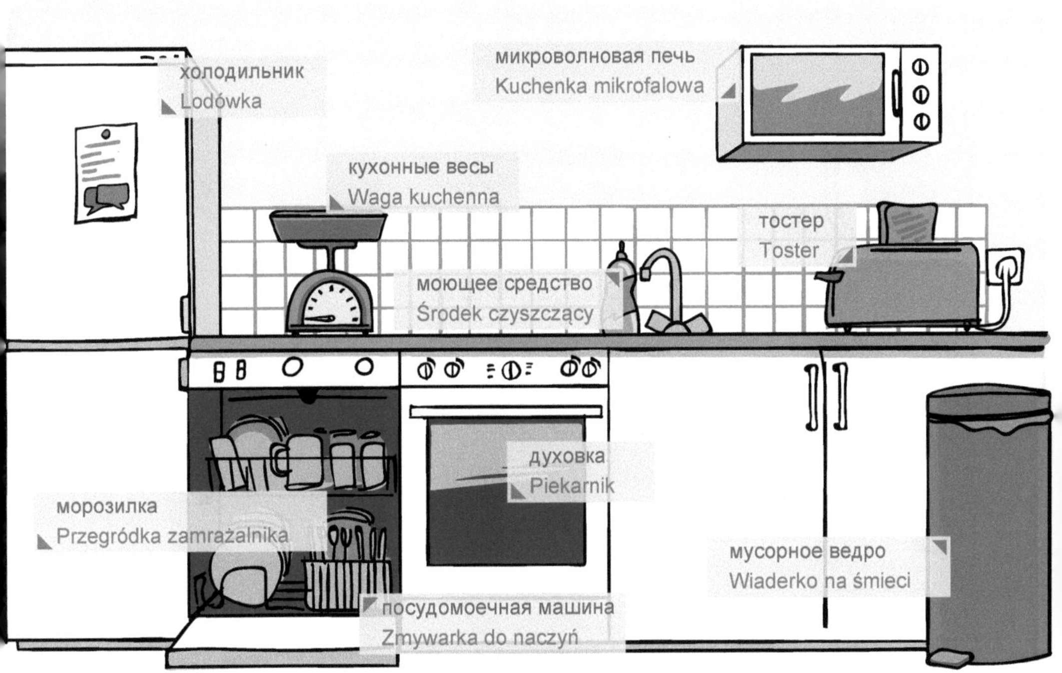
холодильник
Lodówka
микроволновая печь
Kuchenka mikrofalowa
кухонные весы
Waga kuchenna
тостер
Toster
моющее средство
Środek czyszczący
духовка
Piekarnik
морозилка
Przegródka zamrażalnika
мусорное ведро
Wiaderko na śmieci
посудомоечная машина
Zmywarka do naczyń

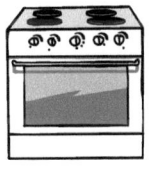

плита

Kuchenka

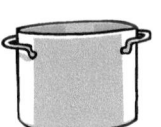

кастрюля

Garnek

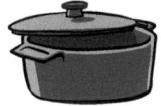

чугунный котелок

Kocioł żeliwny

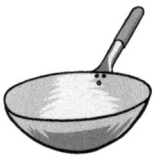

вок / кадай

Wok / Kadai

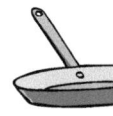

сковорода

Patelnia

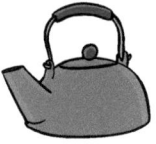

чайник

Czajnik

пароварка

Parowar

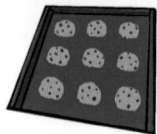

противень

Blacha do pieczenia

посуда

Naczynia kuchenne

кружка

Kubek

миска

Miska

палочки для еды

Pałeczki

половник

Nabierka

лопатка

Łopatka do smażenia

сбивалка

Trzepaczka do śmietany

сито

Cedzak

сито

Sitko

тёрка

Tarka

ступка

Moździerz

гриль

Grillowanie

костёр

Palenisko

доска

Deska

скалка

Wałek do ciasta

штопор

Korkociąg

жестяная банка

Puszka

консервный нож

Otwieracz do puszek

прихватка

Ściereczka do trzymania garnka

раковина

Umywalka

щетка

Szczotka

губка

Gąbka

миксер

Mikser

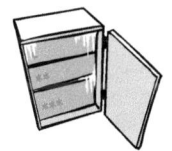

морозильная камера

Zamrażarka

бутылочка для кормления

Butelka dla niemowlęcia

кран

Kran

ванная комната

Łazienka

отопление
Ogrzewanie
душ
Prysznic
полотенце
Ręcznik
душевая занавеска
Kotara prysznicowa
пенистая ванна
Płyn do kąpieli
ванна
Wanna kąpielowa
стакан
Szklanka
стиральная машина
Pralka
кран
Kran
плитка
Kafelki
горшок
Nocnik
раковина
Umywalka

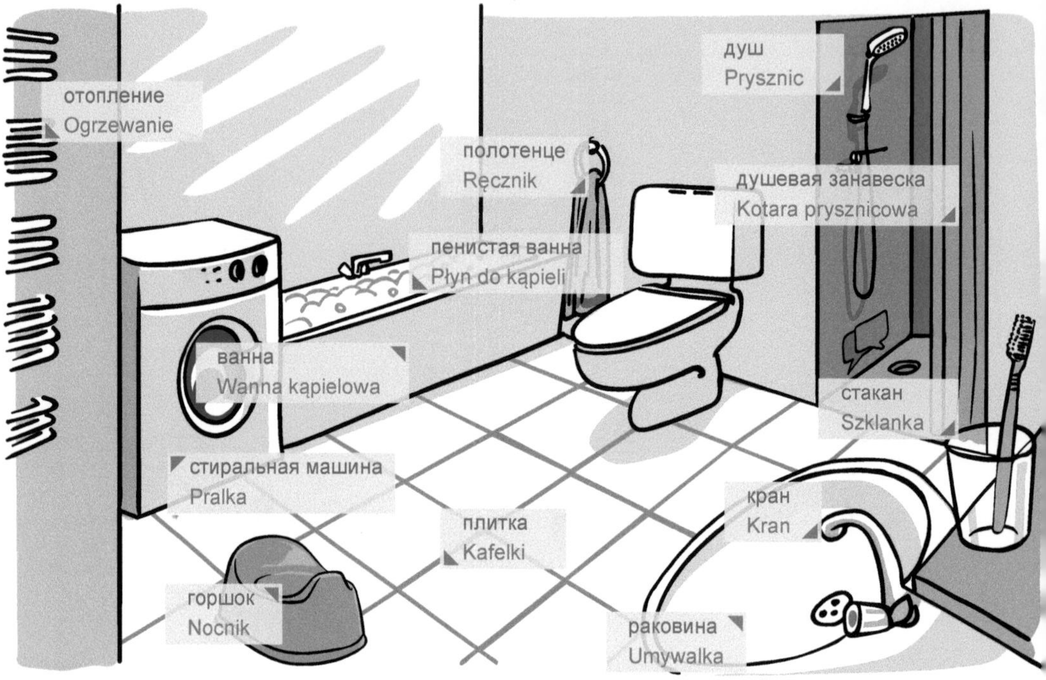

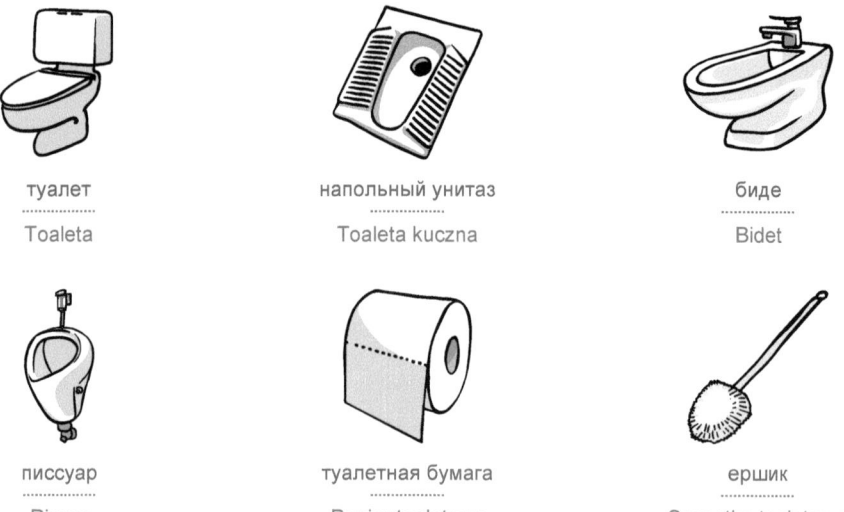

туалет

Toaleta

напольный унитаз

Toaleta kuczna

биде

Bidet

писсуар

Pisuar

туалетная бумага

Papier toaletowy

ершик

Szczotka toaletowa

зубная щетка

Szczoteczka do zębów

зубная паста

Pasta do zębów

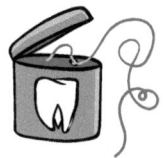

зубная нить

Nitki do czyszczenia zębów

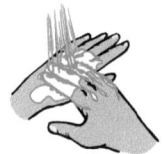

мыть

myć

ручной душ

Głowica prysznicowa

интимный душ

Płyn kąpielowy do higieny intymnej

таз

Miska do mycia

щетка для спины

Szczotka kąpielowa

мыло

Mydło

гель для душа

Żel prysznicowy

шампунь

Szampon

мочалка

Rękawica kąpielowa

сток

Odpływ

крем

Krem

дезодорант

Dezodorant

зеркало

Lustro

ручное зеркало

Lustro kosmetyczne

бритва

Golarka

пена для бритья

Pianka do golenia

лосьон после бритья

Woda po goleniu

расческа

Grzebień

щетка

Szczotka

фен

Suszarka do włosów

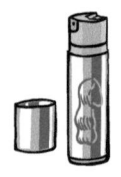

лак для волос

Spray do włosów

косметика

Makijaż

губная помада

Pomadka

лак для ногтей

Lakier do paznokci

вата

Wata

маникюрные ножницы

Nożyczki do paznokci

духи

Perfum

косметичка

Kosmetyczka

табуретка

Taboret

весы

Waga

халат

Szlafrok kąpielowy

резиновые перчатки

Rękawice gumowe

тампон

Tampon

гигиеническая прокладка

Podpaska damska

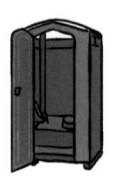

биотуалет

Toaleta chemiczna

детская комната
Pokój dziecięcy

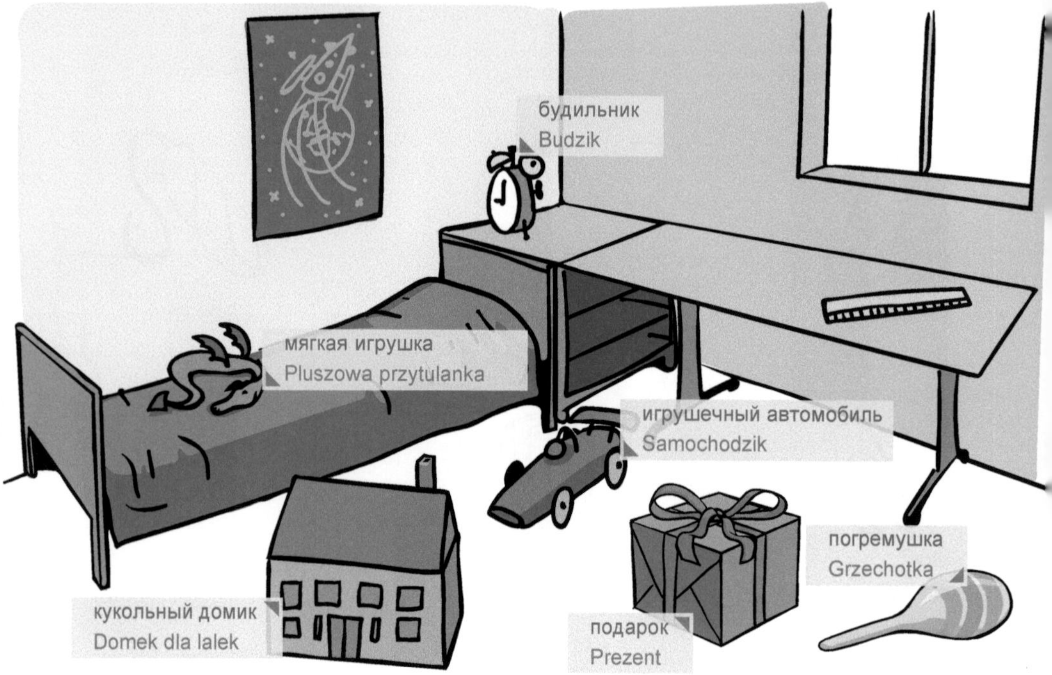

будильник
Budzik
мягкая игрушка
Pluszowa przytulanka
игрушечный автомобиль
Samochodzik
погремушка
Grzechotka
кукольный домик
Domek dla lalek
подарок
Prezent

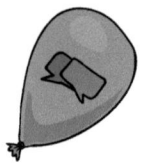

воздушный шар

Balon

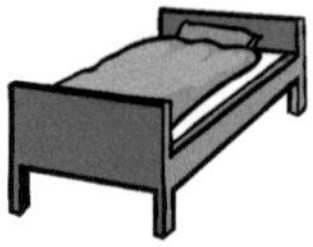

кровать

Łóżko

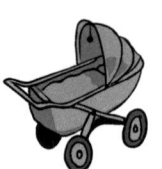

детская коляска

Wózek dziecięcy

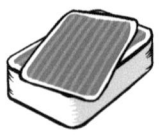

карточная игра

Gra w karty

пазл

Puzzle

SUPER
MEGA

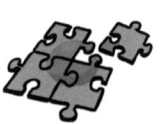

комикс

Komiks

кирпичики Лего

Klocki lego

кубики

Klocki

игрушечная фигурка

Action figura

ползунки

Śpioszek dziecięcy

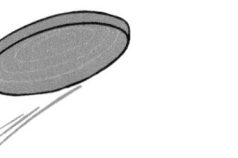

фрисби

Frisbee

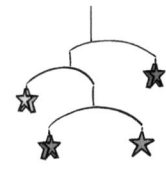

мобиле

Zabawki ruchome

настольная игра

Gra planszowa

кубик

Kości

модель железной дороги

Kolejka elektryczna

соска

Smoczek

вечеринка

Przyjęcie

книга с картинками

Książka z ilustracjami

мяч

Piłka

кукла

Lalka

играть

bawić się

песочница

Piaskownica

качели

Huśtawka

игрушка

Zabawki

игровая приставка

Konsola do gier

трёхколесный велосипед

Rowerek trójkołowy

плюшевый медвежонок

Pluszowy miś

шкаф для одежды

Szafa ubraniowa

одежда

Ubiór

носки

Skarpety

чулки

Pończochy

колготки

Rajstopy

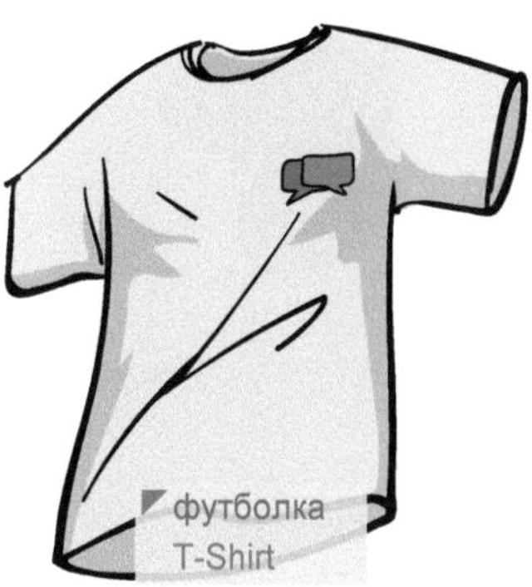

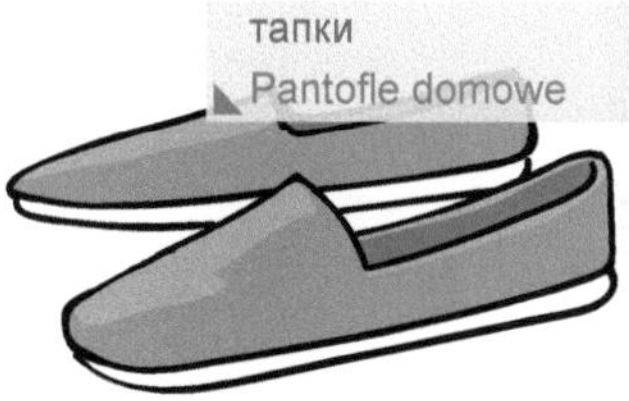

шарф
Szal

ремень
Pasek

зонтик
Parasol

футболка
T-Shirt

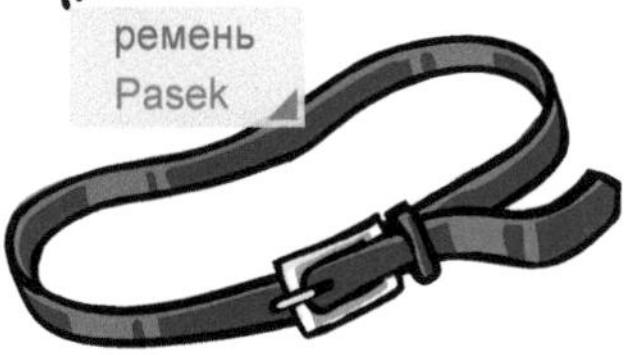

сапоги
Kozaki

тапки
Pantofle domowe

кроссовки
Obuwie sportowe

сандалии
Sandały

ботинки
Buty

резиновые сапоги
Kalosze

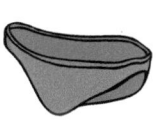

трусы
Majtki

бюстгальтер
Biustonosz

майка
Podkoszulek

боди

Body

брюки

Spodnie

джинсы

Dżins

юбка

Spódnica

блузка

Bluzka

рубашка

Koszula

свитер

Pulower

свитер

Bluza sportowa

спортивная куртка

Marynarka

жакет

Kurtka

пальто

Płaszcz

плащ

Płaszcz przeciwdeszczowy

костюм

Kostium

платье

Sukienka

свадебное платье

Suknia ślubna

мужской костюм

Garnitur męski

ночная сорочка

Koszula nocna

пижама

Piżama

сари

Sari

платок

Chusta na głowę

тюрбан

Turban

паранджа

Burka

кафтан

Kaftan

абайя

Abaya

купальник

Strój kąpielowy

плавки

Kąpielówki

шорты

Krótkie spodnie

спортивный костюм

Dres sportowy

фартук

Fartuch

перчатки

Rękawiczki

пуговица

Guzik

очки

Okulary

браслет

Bransoletka

цепочка

Łańcuszek

кольцо

Pierścionek

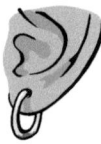

серьга

Kolczyk

шапка

Czapka

вешалка

Wieszak

шляпа

Kapelusz

галстук

Krawat

застежка молния

Zamek błyskawiczny

шлем

Kask

подтяжки

Szelki

школьная форма

Mundurek szkolny

форма

Mundur

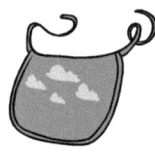

детский нагрудник

Śliniaczek

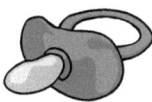

соска

Smoczek

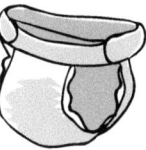

подгузник

Pieluszka

офис

Biuro

сервер
Serwer
канцелярский шкаф
Szafa na akta
принтер
Drukarka
бумага
Papier
монитор
Monitor
мышь
Mysz
письменный стол
Biurko
папка
Segregator
клавиатура
Klawiatura
корзина для бумаг
Kosz na odpadki
компьютер
Komputer
стул
Krzesło

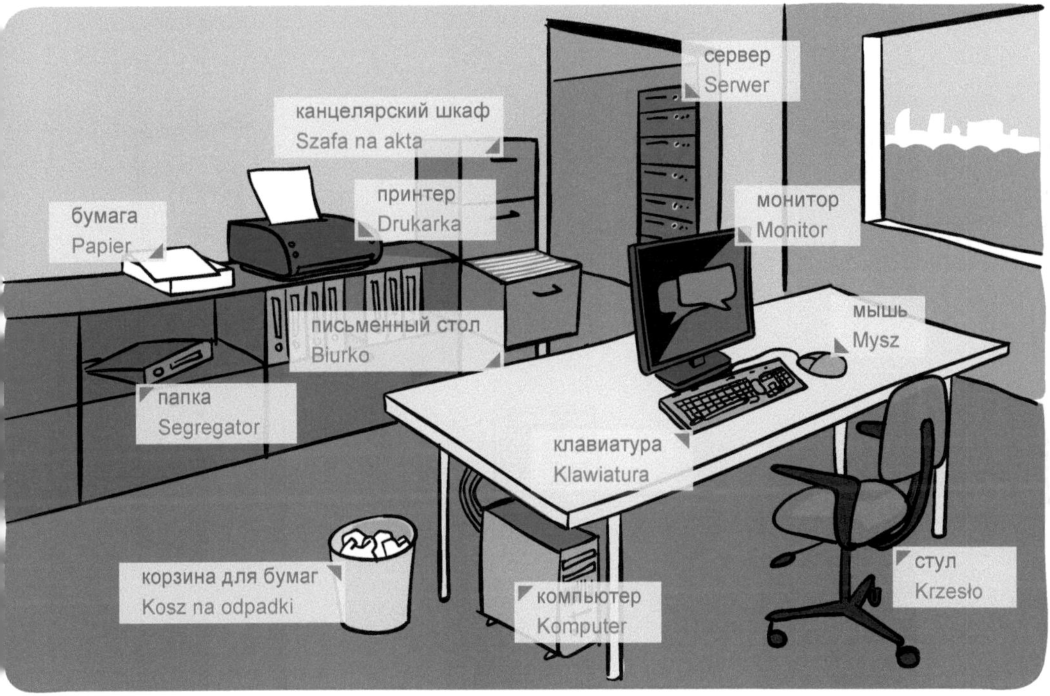

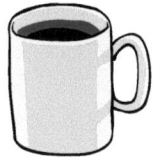

кофейная кружка

Filiżanka do kawy

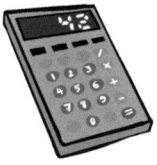

калькулятор

Kalkulator

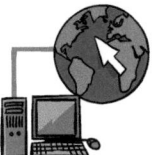

интернет

Internet

ноутбук

Laptop

письмо

List

сообщение

Wiadomość

мобильный телефон

Komórka

сеть

Sieć

ксерокс

Kopiarka

программа

Oprogramowanie

телефон

Telefon

розетка

Gniazdko

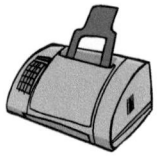

факс

Faks

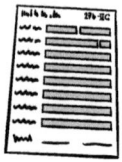

формуляр

Formularz

документ

Dokument

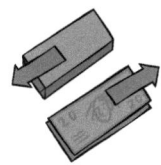

покупать

kupić

платить

płacić

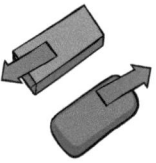

торговать

postępować

деньги

Pieniądze

доллар

Dolar

евро

Euro

иена

Jen

рубль

Rubel

франк

Frank

жэньминьби юань

Juan Renminbi

рупия

Rupia

банкомат

Bankomat

пункт обмена валюты

Kantor wymiany walut

золото

Złoto

серебро

Srebro

нефть

Olej

энергия

Energia

цена

Cena

договор

Umowa

налог

Podatek

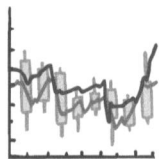

акция

Akcja

работать

pracować

служащий

Pracownik umysłowy

работодатель

Pracodawca

фабрика

Fabryka

магазин

Sklep

профессии
Zawody

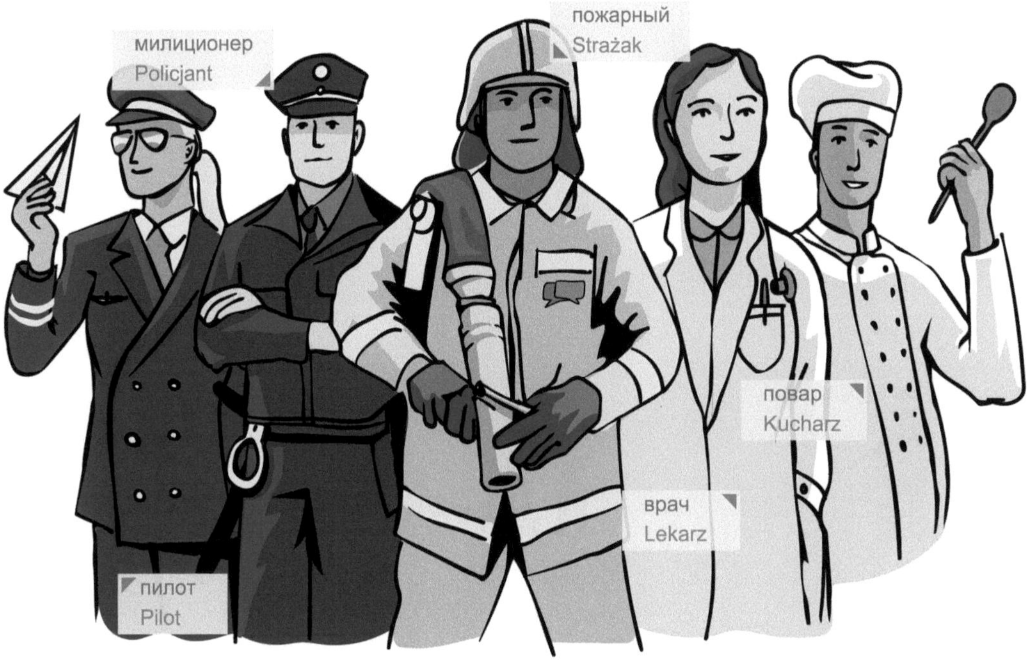
пожарный
Strażak
милиционер
Policjant
повар
Kucharz
врач
Lekarz
пилот
Pilot

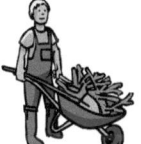

садовник

Ogrodnik

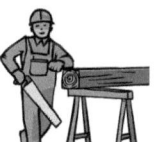

столяр

Stolarz

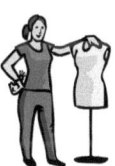

швея

Krawcowa

судья

Sędzia

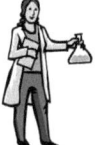

химик

Chemik

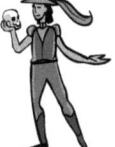

актёр

Aktor

водитель автобуса

Kierowca autobusu

таксист

Taksówkarz

рыбак

Fischer

уборщица

Sprzątaczka

кровельщик

Dekarz

официант

Kelner

охотник

Myśliwy

художник

Malarz

пекарь

Piekarz

электрик

Elektryk

строитель

Robotnik budowlany

инженер

Inżynier

мясник

Rzeźnik

сантехник

Instalator

почтальон

Listonosz

солдат

Żołnierz

архитектор

Architekt

кассир

Kasjer

флорист

Florysta

парикмахер

Fryzjer

кондуктор

Konduktor

механик

Mechanik

капитан

Kapitan

зубной врач

Dentysta

ученый

Naukowiec

раввин

Rabin

имам

Imam

монах

Mnich

священник

Proboszcz

инструменты

Narzędzia

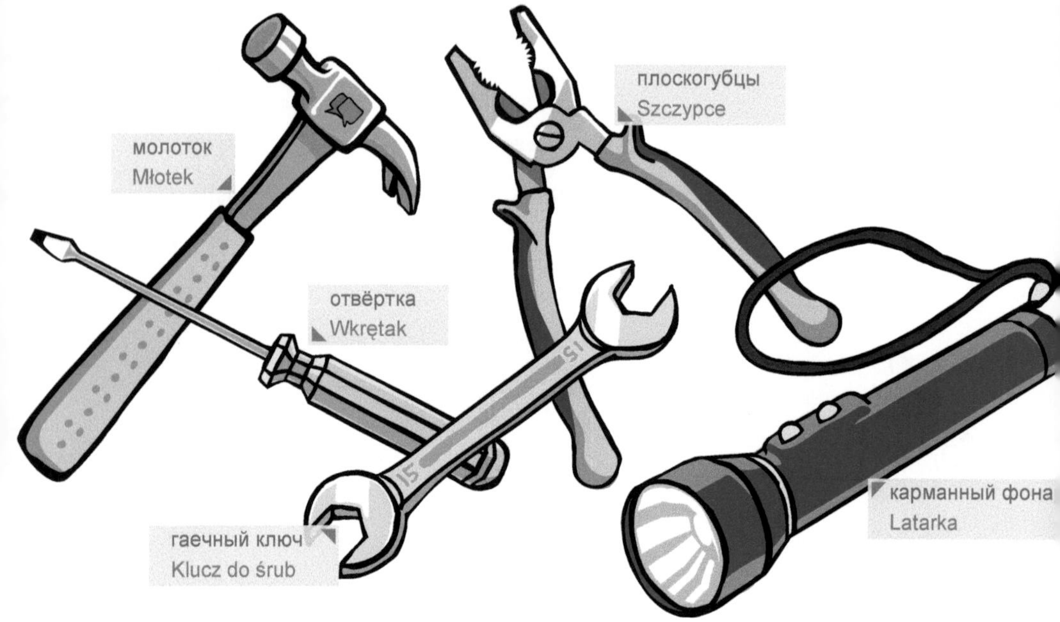
молоток
Młotek
плоскогубцы
Szczypce
отвёртка
Wkrętak
гаечный ключ
Klucz do śrub
карманный фона
Latarka

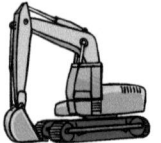

экскаватор

Koparka

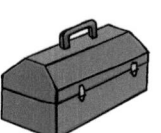

ящик для инструментов

Skrzynka narzędziowa

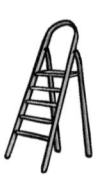

стремянка

Drabina

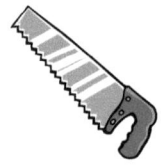

пила

Piła

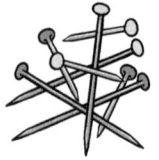

гвозди

Gwoździe

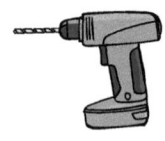

дрель

Wiertło

ремонтировать
naprawić

лопата
Łopatka

Блин!
Cholera!

совок
Szufelka

ведро с краской
Puszka z farbą

винты
Śruby

музыкальные инструменты
Instrumenty muzyczne

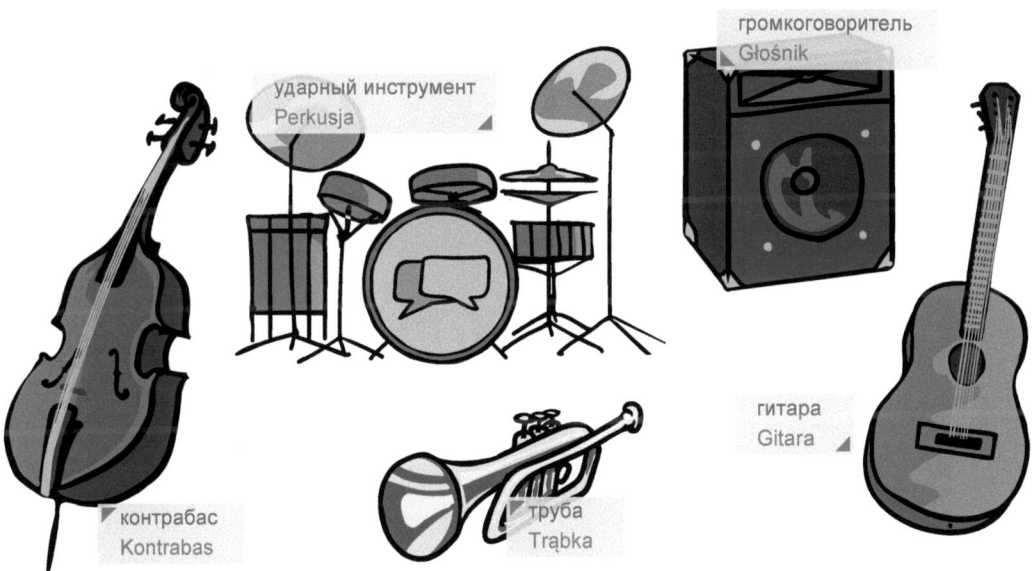

громкоговоритель
Głośnik

ударный инструмент
Perkusja

гитара
Gitara

контрабас
Kontrabas

труба
Trąbka

пианино

Pianino

скрипка

Skrzypce

бас-гитара

Bas

литавры

Kotły

барабан

Bęben

синтезатор

Keyboard

саксофон

Saksofon

флейта

Flet

микрофон

Mikrofon

зоопарк

Zoo

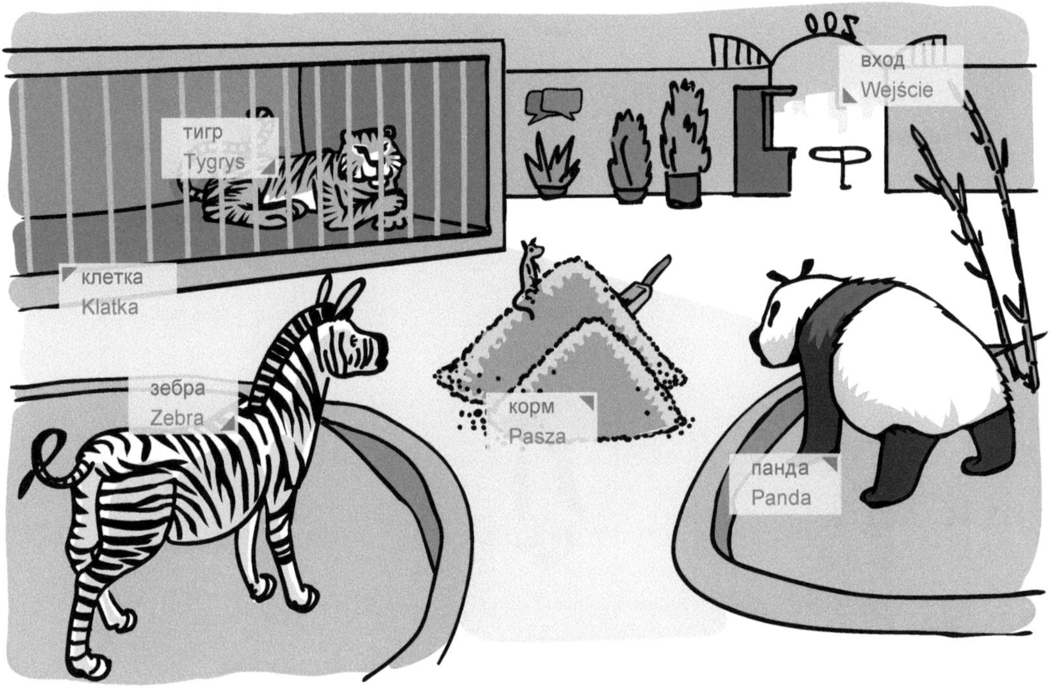

вход
Wejście
тигр
Tygrys
клетка
Klatka
зебра
Zebra
корм
Pasza
панда
Panda

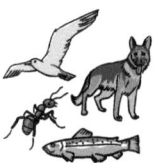

животные

Zwierzęta

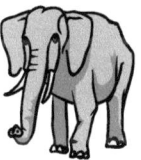

слон

Słoń

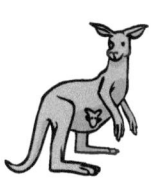

кенгуру

Kangur

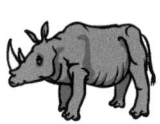

носорог

Nosorożec

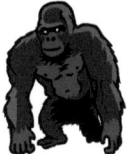

горилла

Goryl

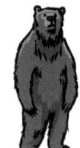

медведь

Niedźwiedź

верблюд

Wielbłąd

страус

Struś

лев

Lew

обезьяна

Małpa

фламинго

Fleming

попугай

Papuga

белый медведь

Niedźwiedź polarny

пингвин

Pingwin

акула

Rekin

павлин

Paw

змея

Wąż

крокодил

Krokodyl

служитель зоопарка

Dozorca w zoo

тюлень

Foka

ягуар

Jaguar

пони

Kucyk

леопард

Gepard

бегемот

Hipopotam

жираф

Żyrafa

орёл

Orzeł

кабан

Dzik

рыба

Ryba

черепаха

Żółw

морж

Mors

лиса

Lis

газель

Gazela

американский футбол
Futbol amerykański

езда на велосипеде
Kolarstwo

теннис
Tenis

баскетбол
Koszykówka

плавание
Pływanie

бокс
Boks

хоккей
Hokej na lodzie

футбол

Piłka nożna

бадминтон

Badminton

лёгкая атлетика

Lekka atletyka

гандбол

Piłka ręczna

лыжный спорт

Narciarstwo

поло

Polo

прыгать
skakać

обнимать
objąć

смеяться
śmiać się

идти
iść

петь
śpiewać

мечтать
marzyć

молиться
modlić się

целовать
całować

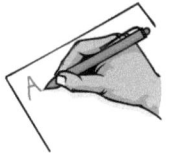

писать
pisać

рисовать
rysować

показывать
pokazywać

нажимать
nacisnąć

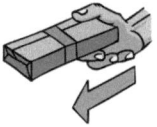

давать
dać

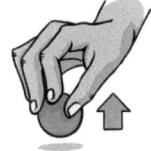

брать
wziąć

иметь

mieć

делать

robić

быть

być

стоять

stać

бежать

biegać

тянуть

ciągnąć

бросать

rzucać

падать

spaść

лежать

leżeć

ждать

czekać

носить

nosić

сидеть

siedzieć

надевать

zakładać

спать

spać

просыпаться

budzić się

рассматривать

spojrzeć

плакать

płakać

гладить

głaskać

причесывать

czesać się

говорить

mówić

понимать

rozumieć

спрашивать

pytać

слушать

słyszeć

пить

pić

кушать

jeść

наводить порядок

sprzątać

любить

kochać

готовить

gotować

ехать

jechać

летать

latać

ходить под парусом

żeglować

считать

liczyć

читать

czytać

учиться

uczyć się

работать

pracować

вступать в брак

wejść w związek małżeński

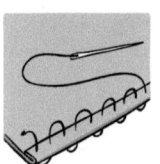

шить

szyć

чистить зубы

myć zęby

убивать

zabić

курить

palić tytoń

отправлять

wysłać

семья
Rodzina

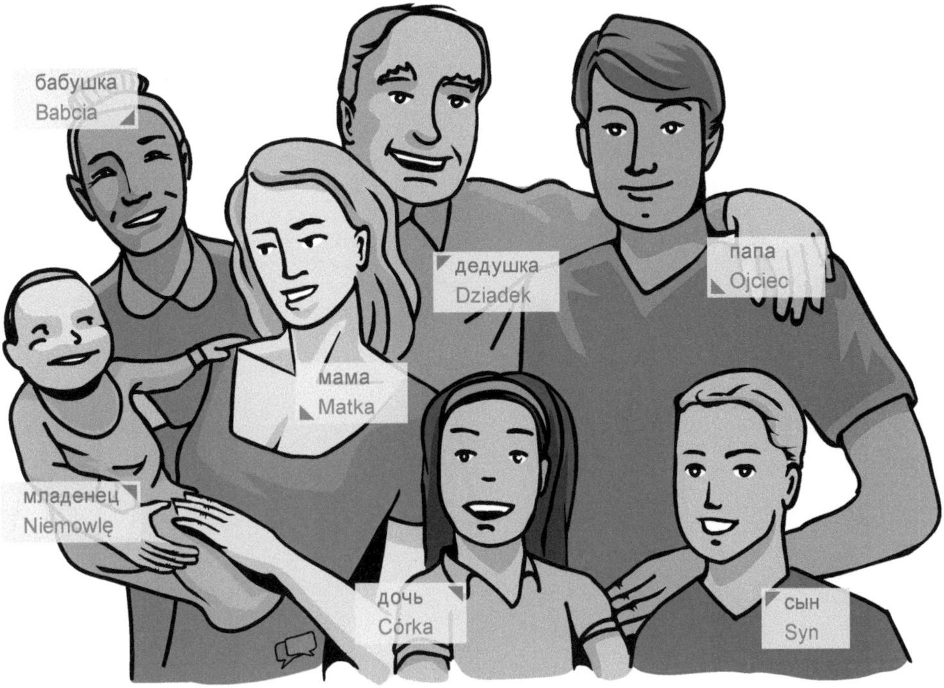
бабушка
Babcia
дедушка
Dziadek
папа
Ojciec
мама
Matka
младенец
Niemowlę
дочь
Córka
сын
Syn

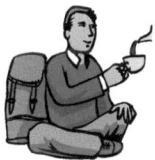

гость
Gość

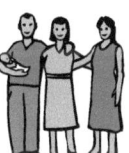

тетя
Ciotka

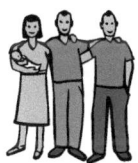

дядя
Wujek

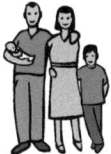

брат
Brat

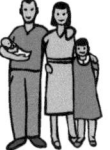

сестра
Siostra

тело
Ciało

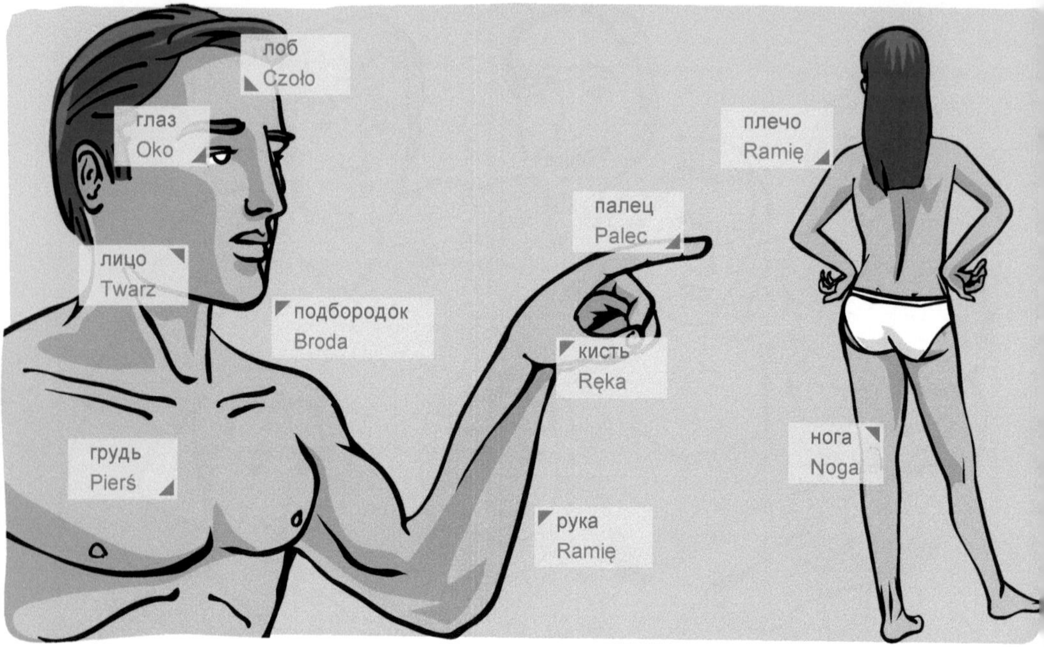

лоб
Czoło

глаз
Oko

плечо
Ramię

палец
Palec

лицо
Twarz

подбородок
Broda

кисть
Ręka

грудь
Pierś

нога
Noga

рука
Ramię

младенец

Niemowlę

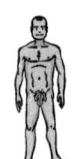

мужчина

Mężczyzna

женщина

Kobieta

девочка

Dziewczyna

мальчик

Chłopiec

голова

Głowa

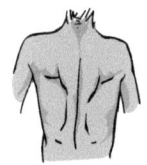

спина
Plecy

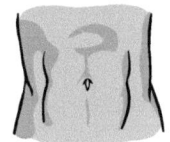

живот
Brzuch

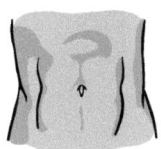

пупок
Pępek

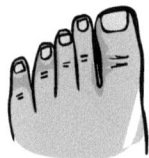

палец ноги
palec nogi

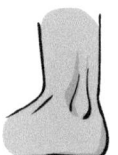

пятка
Pięta

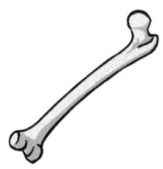

кость
Kość

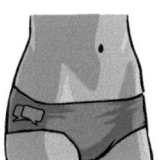

бедро
Biodro

колено
Kolano

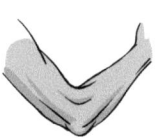

локоть
Łokieć

нос
Nos

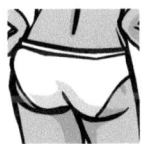

ягодицы
Pośladki

кожа
Skóra

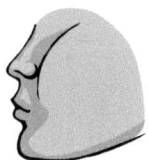

щека
Policzek

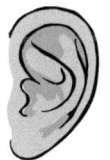

ухо
Uszy

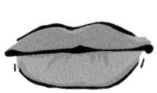

губа
Warga

рот

Usta

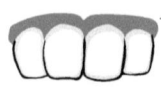

зуб

Ząb

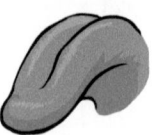

язык

Język

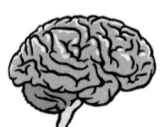

мозг

Mózg

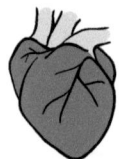

сердце

Serce

мышца

Mięsień

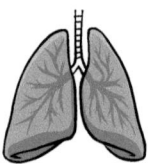

лёгкое

Płuca

печень

Wątroba

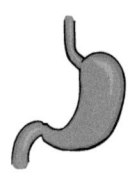

желудок

Żołądek

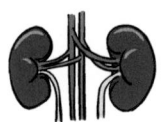

почки

Nerki

половой акт

Stosunek płciowy

презерватив

Kondom

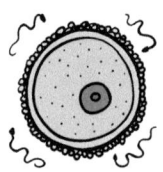

яйцеклетка

Komórka jajowa

сперма

Sperma

беременность

Ciąża

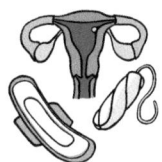

менструация

Menstruacja

вагина

Wagina

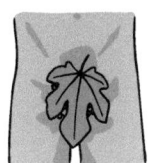

пенис

Penis

бровь

Brew

волосы

Włosy

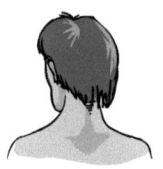

шея

Szyja

больница
Szpital

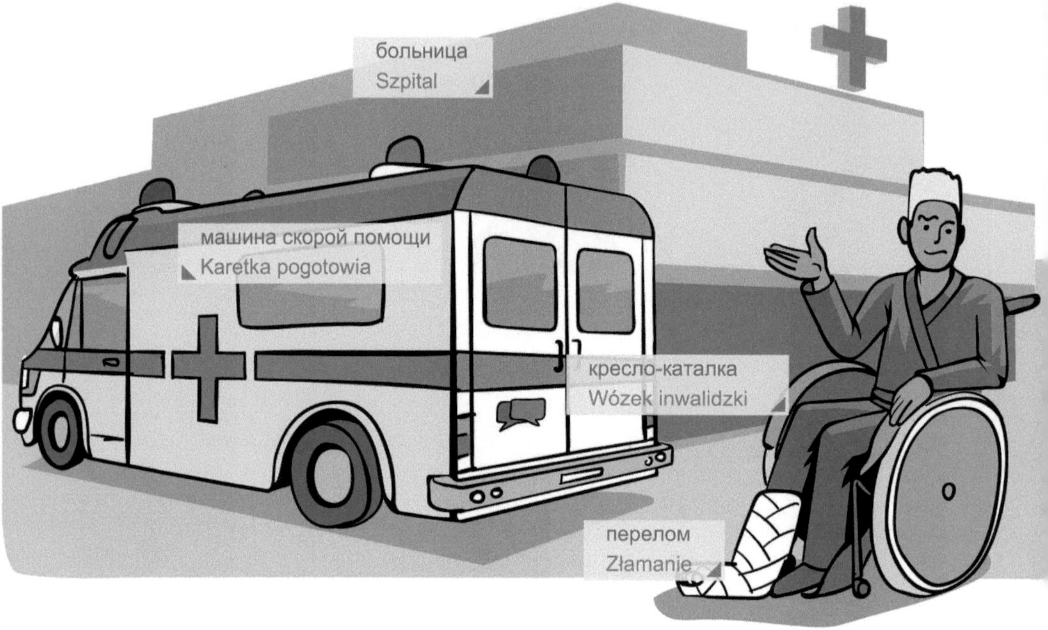

больница
Szpital
машина скорой помощи
Karetka pogotowia
кресло-каталка
Wózek inwalidzki
перелом
Złamanie

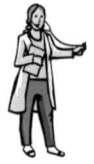

врач

Lekarz

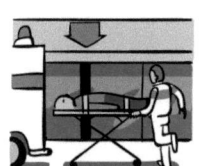

пункт первой помощи

Izba przyjęć

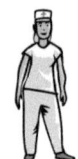

медсестра

Pielęgniarka

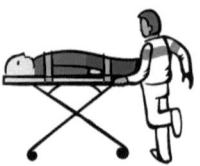

неотложный случай

Nagły przypadek

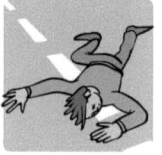

без сознания

nieprzytomny

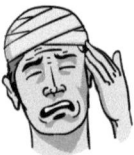

боль

Ból

повреждение

Skaleczenie

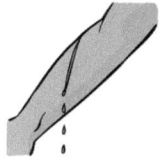

кровотечение

Krwawienie

инфаркт

Zawał serca

инсульт

Udar mózgu

аллергия

Alergia

кашель

Kaszleć

повышенная температура

Gorączka

грипп

Grypa

понос

Biegunka

головная боль

Ból głowy

рак

Rak

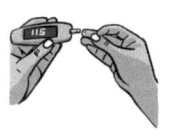

диабет

Cukrzyca

хирург

Chirurg

скальпель

Skalpel

операция

Operacja

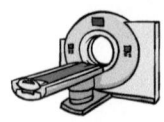

КТ

CT

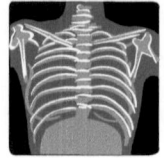

рентген

Rentgen

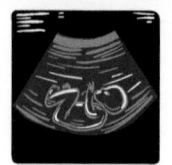

ультразвук

Ultradźwięki

маска

Maska

болезнь

Choroba

приёмная

Poczekalnia

костыль

Kula

пластырь

Plaster

бинт

Opatrunek

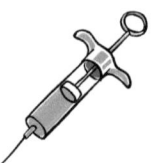

укол

Iniekcja

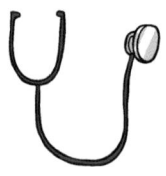

стетоскоп

Stetoskop

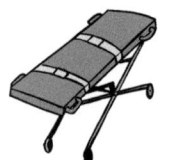

носилки

Nosze

термометр

Termometr

рождение

Poród

избыточный вес

Nadwaga

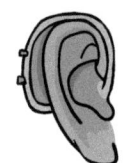

слуховой аппарат

Aparat słuchowy

дезинфекционное средство

Środek dezynfekcyjny

инфекция

Infekcja

вирус

Wirus

ВИЧ / СПИД

HIV / AIDS

лекарство

Medycyna

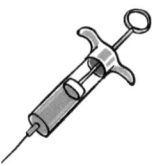

прививка

Szczepienie

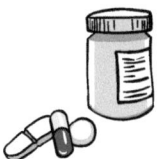

таблетки

Tabletki

противозачаточная таблетка

Pigułka

экстренный вызов

Telefon ratunkowy

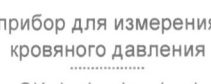

прибор для измерения кровяного давления

Ciśnieniomierz krwi

больной / здоровый

chory / zdrowy

Помогите!

Pomocy!

сигнал тревоги

Alarm

нападение

Napad

атака

Atak

опасность

Niebezpieczeństwo

запасной выход

Wyjście awaryjne

Пожар!

Pożar!

огнетушитель

Gaśnica

несчастный случай

Wypadek

аптечка

Walizeczka pierwszej
pomocy

SOS

SOS

милиция

Policja

Европа

Europa

Северная Америка

Ameryka Północna

Южная Америка

Ameryka Południowa

Африка

Afryka

Азия

Azja

Австралия

Australia

Атлантический океан

Atlantyk

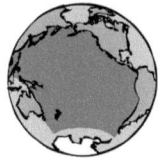

Тихий океан

Pacyfik

Индийский океан

Ocean Indyjski

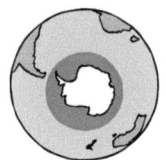

Антарктический океан

Ocean Antarktyczny

Северный Ледовитый океан

Ocean Arktyczny

Северный полюс

Biegun północny

Южный полюс

Biegun południowy

Антарктика

Antarktyda

земля

Ziemia

суша

Kraj

море

Morze

остров

Wyspa

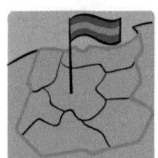

нация

Naród

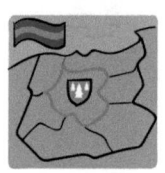

государство

Państwo

циферблат

Cyferblat

часовая стрелка

Wskazówka godzinowa

минутная стрелка

Wskazówka minutowa

секундная стрелка

Wskazówka sekundowa

Который час?

Która godzina?

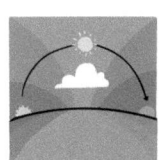

день

Dzień

время

Czas

сейчас

teraz

электронные часы

Zegarek digitalny

минута

Minuta

час

Godzina

неделя

Tydzień

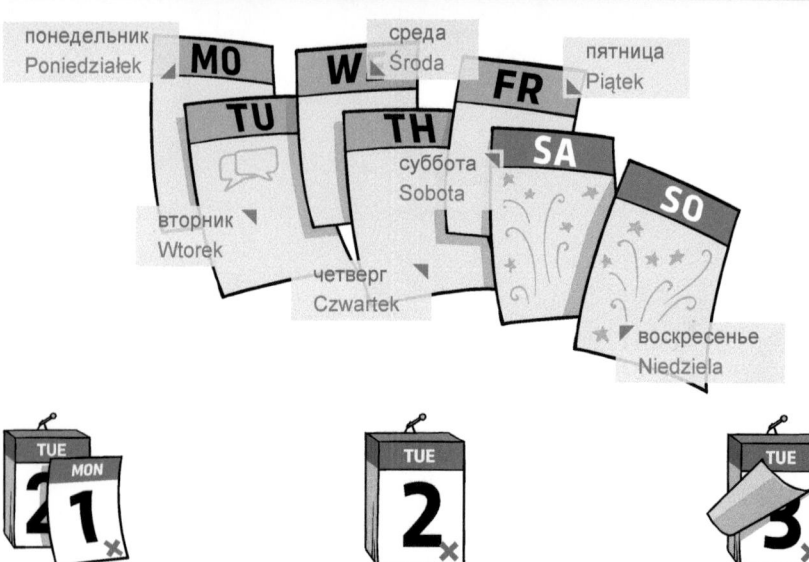

понедельник
Poniedziałek

среда
Środa

пятница
Piątek

вторник
Wtorek

четверг
Czwartek

суббота
Sobota

воскресенье
Niedziela

вчера
wczoraj

сегодня
dzisiaj

завтра
jutro

утро
Rano

полдень
Południe

вечер
Wieczór

MO	TU	WE	TH	FR	SA	SU
1	2	3	4	5	6	7
8	9	10	11	12	13	14
15	16	17	18	19	20	21
22	23	24	25	26	27	28
29	30	31	1	2	3	4

рабочие дни
Dni robocze

MO	TU	WE	TH	FR	SA	SU
1	2	3	4	5	6	7
8	9	10	11	12	13	14
15	16	17	18	19	20	21
22	23	24	25	26	27	28
29	30	31	1	2	3	4

выходные
Weekend

год

Rok

дождь
Deszcz
радуга
Tęcza
ветер
Wiatr
снег
Śnieg
весна
Wiosna
осень
Jesień
лето
Lato
зима
Zima

4.APRIL 11°
5.APRIL 4°
6.APRIL 13°
7.APRIL 8°
8.APRIL 10°

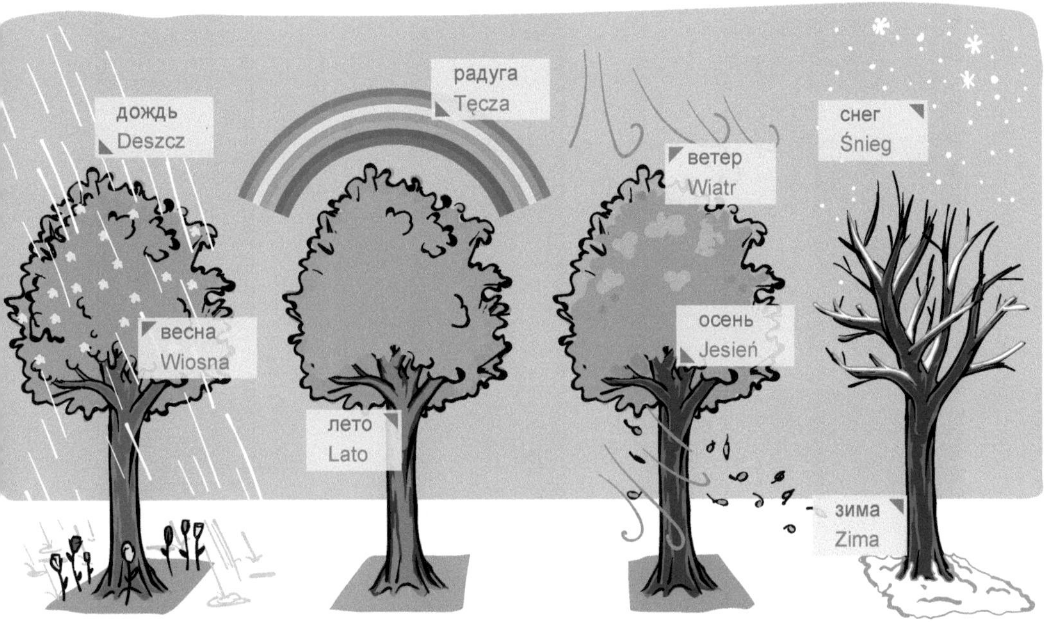

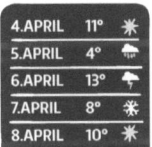

прогноз погоды

Prognoza pogody

F C
120 40
90 30
60 20
30 10
0 0
-30 -10
-20

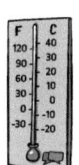

термометр

Termometr

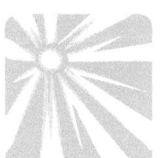

солнечный свет

Światło słoneczne

туча

Chmura

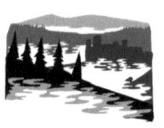

туман

Mgła

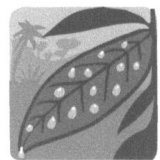

влажность воздуха

Wilgotność powietrza

молния

Błyskawica

гром

Grzmot

буря

Sztorm

град

Grad

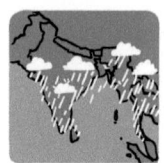

муссон

Monsun

наводнение

Potop

лёд

Lód

январь

Styczeń

февраль

Luty

март

Marzec

апрель

Kwiecień

май

Maj

июнь

Czerwiec

июль

Lipiec

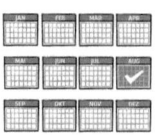

август

Sierpień

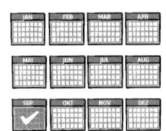

сентябрь

Wrzesień

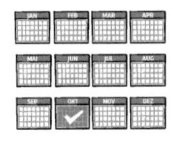

октябрь

Październik

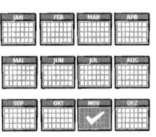

ноябрь

Listopad

декабрь

Grudzień

формы
Kształty

круг

Koło

квадрат

Kwadrat

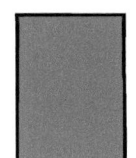

прямоугольник

Prostokąt

треугольник

Trójkąt

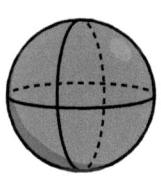

шар

Kula

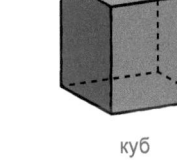

куб

Sześcian

белый
....
biały

желтый
....
żółty

оранжевый
....
pomarańczowy

розовый
....
różowy

красный
....
czerwony

лиловый
....
liliowy

синий
....
niebieski

зелёный
....
zielony

коричневый
....
brązowy

серый
....
szary

черный
....
czarny

много / мало

dużo / mało

яростный / мирный

wściekły / spokojny

красивый / уродливый

piękny / brzydki

начало / конец

początek / koniec

большой / маленький

duży / mały

светлый / темный

jasny / ciemny

брат / сестра

brat / siostra

чистый / грязный

czysty / brudny

полный / неполный

kompletny / niekompletny

день / ночь

dzień / noc

мёртвый / живой

umarły / żywy

широкий / узкий

szeroki / wąski

съедобный / несъедобный

jadalny / niejadalny

злой / дружелюбный

zły / uprzejmy

взволнованный / скучающий

podniecony / znudzony

толстый / худой

gruby / chudy

сначала / в конце

najpierw / na końcu

друг / враг

przyjaciel / wróg

полный / пустой

pełen / pusty

твёрдый / мягкий

twardy / miękki

тяжёлый / легкий

ciężki / lekki

голод / жажда

głód / pragnienie

больной / здоровый

chory / zdrowy

незаконный / законный

nielegalny / legalny

умный / глупый

inteligentny / głupi

слева / справа

lewo / prawo

близко / далеко

bliski / daleki

новый / подержанный

nowy / używany

ничто / нечто

nic / coś

старый / молодой

stary / młody

включено / выключено

włącz / wyłącz

открыто / закрыто

otwarty / zamknięty

тихо / громко

cichy / głośny

богатый / бедный

bogaty / biedny

правильный /
неправильный
prawidłowy / błędny

шероховатый / гладкий

chropowaty / gładki

печальный / счастливый

smutny / szczęśliwy

короткий / длинный

krótki / długi

медленный / быстрый

powolny / szybki

мокрый / сухой

mokry/suchy

тёплый / прохладный

ciepły / chłodny

война / мир

wojna / pokój

0	**1**	**2**
ноль	один	два
zero	jeden	dwa

3	**4**	**5**
три	четыре	пять
trzy	cztery	pięć

6	**7**	**8**
шесть	семь	восемь
sześć	siedem	osiem

9	**10**	**11**
девять	десять	одиннадцать
dziewięć	dziesięć	jedenaście

12

двенадцать

dwanaście

13

тринадцать

trzynaście

14

четырнадцать

czternaście

15

пятнадцать

piętnaście

16

шестнадцать

szesnaście

17

семнадцать

siedemnaście

18

восемнадцать

osiemnaście

19

девятнадцать

dziewiętnaście

20

двадцать

dwadzieścia

100

сто

sto

1.000

тысяча

tysiąc

1.000.000

миллион

milion

английский

Angielski

американский английский

Angielski amerykański

мандаринский китайский

Chiński mandaryński

хинди

Hindi

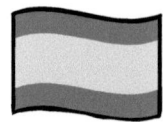

испанский

Hiszpański

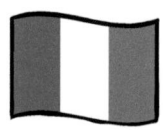

французский

Francuski

арабский

Arabski

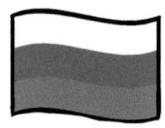

русский

Rosyjski

португальский

Portugalski

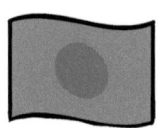

бенгальский

Bengalski

немецкий

Niemiecki

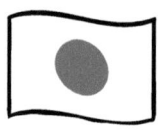

японский

Japoński

я

ja

ты

ty

он / она / оно

on / ona / ono

мы

my

вы

wy

они

oni

кто?

kto?

что?

co?

как?

jak?

где?

gdzie?

когда?

kiedy?

имя

Nazwisko

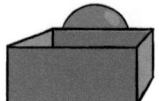

за

za

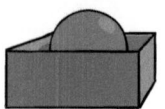

в

w

перед

przed

над

powyżej

на

na

под

pod

рядом

obok

между

między

место

Miejsce